Justin Bieber

Photos : DR

Sources : Purepeople - Star N°1 - Star Club - Gala - Voici - Star secret - Like Hit - Justin Bieber, le petit prodige musical (musicbook) - 100% Justin Bieber (Evie Parker)...

Impression Corlet Imprimeur S.A. - 14110 Condé-sur-Noireau
N° d'imprimeur : 135642

© 2011 - Éditions des Etoiles
1, Rue Pasteur - 95880 Enghien-les-bains

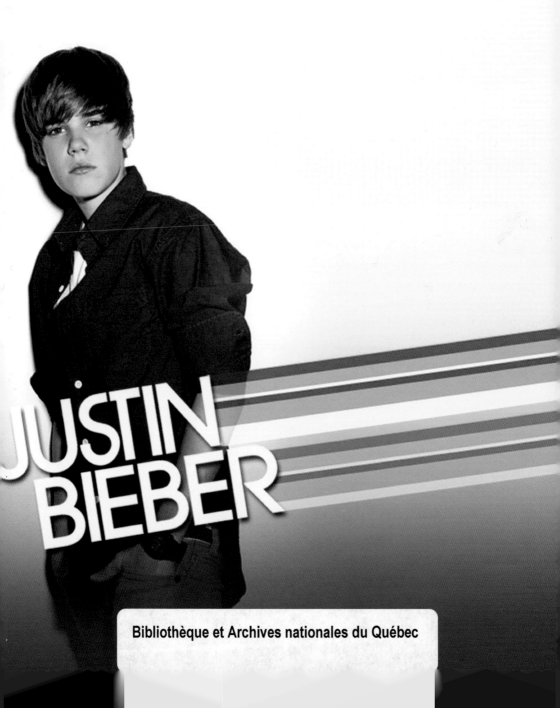

JUSTIN
BIEBER

Prénom : Justin, Drew

Nom : Bieber

Date de naissance : 1er Mars 1994.

Lieux de naissance : Stratford (Canada).

Ville résidentielle : Atlanta.

Signe astrologique : Poisson.

Taille : 1,74 m

Couleur des cheveux : Châtains.

Signes particuliers : Justin a une cicatrice sous son oeil droit. Il est gaucher.

Parents : Son père s'appelle Jeremy et sa mère Pattie. Ses parents sont divorcés. Justin a grandi avec sa mère.

Frères et sœurs : Il a une demi-sœur, qui s'appelle Jazmyn et un demi-frère prénommé Jason.

Religion : Chrétien.

Ses amis : Ryan Butler, Chaz Sommas, Christian Beadles, Caitlin Beadles, Justyna, Gabriela et Adam Sanchez.

Ex-petite amie : Caitlin Beadles, la sœur de son meilleur ami, Christian Beadles.

Amis stars : Usher, Selena Gomez.

Animal : Un chien, Sammy (Sam).

Type de fille : Les filles avec un joli sourire, de beaux yeux et beaucoup de personnalité. Il a une préférence pour les brunes.

Aptitudes particulières : Justin peut résoudre un Rubik's Cube en moins de 2 minutes.

Qualités : Débrouillard, il chante bien, danse bien, joue de nombreux instruments et aime rire.

Défaut : Pas de temps pour une petite amie.

Il aime : Le R'n'B, les centres commerciaux, Apple.

Il n'aime pas : Porter un appareil dentaire, les PC.

Films préférés : Rocky, Rush Hour, Drumline, Il faut sauver le soldat Ryan, Cars, Step Up, You Got Served, Guardian.

Artistes préférés : Usher, Ne-yo, Chris Brown, 2Pac, Rascall Flatts, Elliot Yamin, Billy Talent, Lifehouse, T-bone, Michael Jackson.

Programmes télé préférés : American Idol, Grey's Anatomy, Small Ville.

Matières préférés : Anglais et Mathématiques.

Plats préférés : Spaghettis et cheese-cake à la cerise.

Chiffre préféré : 6

Couleurs préférés : Violet et bleu.

Céréales
: Captain Crunch.

Vacances : Noël.

Sites web : Twitter et Facebook.

Lieu de vacances : Les Bahamas.

Premier instrument : Kit de percussions.

Label : Island Def Jam.

Manager : Scott « Scooter » Braun.

Producteur : Usher.

Hobbies : Jeux vidéo : il possède une PS3 et une Xbox 360.

Ecole : Cours particuliers, 3 à 5 heures par jour.

Maladies : Migraine pour cause de fatigue.

Sports : Hockey, golf, basket ball, skateboard.
Equipe de sport favorite : Cleveland Cavaliers et Maple Leafs.

Introduction

Qu'est-ce qui fait pleurer les filles ?

En 1963, la chanteuse Marie Laforêt était n°1 du top avec sa chanson *Qu'est-ce qui fait pleurer les filles ?* Si aujourd'hui en 2011 elle se pose encore la question, la réponse nous vient tout droit du Canada et s'appelle Justin Bieber !

Ce tout jeune artiste est un véritable phénomène mondial tant il déchaîne les passions de la gent féminine. S'il y a encore une petite année, le groupe Tokio Hôtel faisait référence en matière de cris, larmes, évanouissements... Aujourd'hui, exit le rock-émo relevé à la sauce manga, bonjour la pop électrisante mélangée au hip-hop de qualité du jeune homme qui a fait revivre la mèche de cheveux des « djneu's » des sixties.

Sur scène, il lui suffit d'un coup de mèche pour faire tressaillir des dizaines de milliers de fans venues l'applaudir, l'admirer, le rêver... Car au-delà de ses chansons envoûtantes, Justin Bieber est avant tout un vendeur de rêves pour de nombreuses jeunes filles qui voient en cet homme en devenir, l'être parfait.

Souvent attaqué, moqué et raillé, il n'en reste pas moins que ce garçon est un artiste à part entière. Passionné de musique depuis son plus jeune âge, il a su s'imposer grâce à Internet, vecteur indispensable pour tout nouvel artiste qui souhaite aujourd'hui faire ses preuves. Son premier album est un immense succès commercial et il tourne à guichets fermés à travers le monde entier. Du haut de ses 16 ans, il se voit déjà comme une légende qui durera. Seul le talent fait foi, Monsieur Bieber, et du talent, vous en avez à revendre...

« J'ai grandi à Stratford au Canada. Je me suis toujours bien entendu avec ma famille. Quand j'étais petit, je passais beaucoup de temps avec mes grands-parents : ils étaient adorables. Bref, j'avais déjà tout pour être heureux. »

Toutes les belles histoires commencent de la même manière : deux parents s'aiment et fondent une famille. Si Justin n'a pas dérogé à cette règle, il a en plus des autres enfants une bonne étoile qui guide ses pas. Cette bonne étoile brille au-dessus de l'État d'Ontario au Canada et plus exactement sur Stratford, une ville de taille « moyenne » où résident un peu plus de 30.000 personnes. Baptisée ainsi en hommage à la ville de naissance de William Shakespeare, Stratford-Upon-Avon (Angleterre), Stratford a longtemps été reléguée parmi les villes de moindre importance. C'est son festival de théâtre créé en 1953 qui lui permet d'acquérir une renommée internationale. Et aujourd'hui, des artistes du monde entier se déplacent pour y donner des représentations.

C'est donc dans cette ville où il fait bon flâner que vit une jeune fille prénommée Pattie Mallette. Nous sommes à l'orée des années 90 et Pattie a tout juste 17 ans. Depuis qu'elle est toute petite, elle montre certaines facilités dans le domaine artistique et rêve de devenir actrice, chanteuse... bref, d'être une artiste. Mais c'est sans compter sur l'arrivée de Cupidon et de sa flèche dévastatrice. Pattie fait la connaissance de Jeremy Bieber, un beau jeune homme à la carrure impressionnante dont elle tombe immédiatement sous le charme. Plus fort que tout, le sentiment amoureux domine la jeune femme qui voit en son Jeremy l'homme de sa vie. Elle met de côté son rêve de devenir une grande artiste pour se consacrer pleinement à son couple. Le coup de foudre est tel que les tourtereaux planifient déjà le mariage. Pattie va avoir 18 ans et n'a donc plus à se soucier des grincements de dents de ses parents. En 1992, Jeremy Bieber et Pattie Mallette se marient et s'installent avec les moyens du bord, car pour les jeunes gens l'argent ne coule pas à flots.

Mais l'amour est plus fort que tout et ils vivent sur un petit nuage. L'année suivante, Pattie est fière d'annoncer aux siens que la famille va s'agrandir et qu'elle attend un heureux événement prévu pour mars 1994.

En effet, le 1er mars 1994, Justin Drew Bieber vient au monde pour le plus grand bonheur de ses parents. Un bonheur qui ne va pas d'ailleurs tarder à s'effriter. Plusieurs mois avant la naissance du futur prodige, la tension au sein du couple Bieber était déjà palpable. Les disputes étaient monnaie courante, et l'arrivée du bébé n'arrange pas les choses. Après quelques mois difficiles, les époux Bieber décident de se séparer, la situation n'étant plus viable. Alors que Justin vient tout juste de fêter son second anniversaire, ses parents signent les papiers du divorce. Si Pattie obtient la garde de Justin, Jeremy continuera de le voir régulièrement. La jeune mère de famille, fraîchement divorcée, trouve soutien et réconfort auprès de ses parents.

Le sens du rythme

Depuis qu'il tient sur ses jambes et que ses mouvements sont coordonnés, le petit garçon tape sur tout ce qui se trouve à sa portée. Il tape avec ses mains sur les fauteuils, les chaises, les casseroles, sur tout ce qui lui tombe dessus et qui produit un son. Au fil des mois, sa mère s'aperçoit qu'il ne le fait pas de façon bête et méchante, mais qu'il a un sens du rythme impressionnant pour son âge. Pour son quatrième anniversaire, elle lui offre donc sa première batterie. Auparavant, Justin s'exerçait sur celle de l'église où toute la famille a l'habitude de se retrouver. Pattie, qui ne vit que de petits boulots mal payés, s'est sacrifiée pour offrir ce somptueux cadeau à son fils. Car si l'argent faisait déjà défaut lorsqu'elle vivait avec son mari, aujourd'hui il est difficile de payer les factures. Tout en relativisant, Justin se souvient des temps difficiles : « C'est vrai que nous n'avions pas beaucoup d'argent.

Mais j'ai grandi en ayant tout ce dont j'avais besoin. » Pattie se débrouille avec les moyens du bord et fait en sorte que son fils ait tout pour réussir. Persuadée qu'il a la fibre artistique, elle le pousse à développer ses capacités. Du côté paternel, Justin n'est pas en reste ; son père, guitariste à ses heures, l'incite à essayer d'autres instruments que la batterie. De ses parents, il obtient une guitare sur laquelle il fera ses premiers accords. Il reproduit fidèlement les partitions de quelques pointures du rock comme Deep Purple ou Bob Dylan. Son oreille musicale s'affine et il développe bientôt des dons assez particuliers que sa mère ne manque pas de relever.

Un peu de sérieux

Inscrit à l'école d'Avon, Justin est un bon élève qui aime également amuser la galerie. Il a de bons résultats dans toutes les matières et s'intéresse vivement au sport et plus particulièrement au hockey sur glace. Il se voit même devenir professionnel. Mais la musique le hante de plus en plus jusqu'à occuper son esprit et son temps à 100%. Les rythmes trottent dans sa tête sans discontinuer. Dès qu'il entend une chanson à la radio, il faut qu'il la reproduise sur l'un de ses instruments fétiches. À cette époque, sa mère tient par tous les moyens à aiguiser, développer ses connaissances musicales. Alors sur la petite stéréo du salon, ce sont les disques de Michael Jackson, Stevie Wonder et autres dieux de la soul qui tournent en boucle. Au fil des mois, le jeune prodige en devenir ne se contente plus de jouer de la musique, il commence également à fredonner quelques refrains. Alors que certains mettent des années à se trouver une tonalité, les notes qu'ils poussent sont justes. Chaque lundi soir à la télé est diffusée l'émission *Américan Idol* regardée par des millions de téléspectateurs qui rêvent de devenir, eux aussi, de grandes stars. À Stratford, Pattie allume la télévision et, pendant deux heures, elle se met à rêver. Elle rêve non pas pour elle mais pour son fils. Des rêves où elle le voit,

un
jour, remporter la finale et
montrer ce dont il est capable à des
millions de gens... Mais Justin est encore
trop jeune pour pouvoir participer à l'émission. Qu'à
cela ne tienne, un concours régional intitulé *Startford Idol*
vient de voit le jour. Son but ? Dénicher de nouveaux talents. Sur
les encouragements de sa mère, Justin décide d'y participer. Mais comme tout jeune
adolescent qui se respecte, il ne prend pas cela au sérieux et participe aux éliminatoires
les mains dans les poches. Certes, il a révisé quelques chansons, mais lorsqu'il
débarque aux premières auditions, il se retrouve face à des candidats semi-
professionnels. La concurrence est rude ! Mais Justin n'attend rien de cette
« compétition » et donne ce qu'il a de meilleur en toute décontraction. Comme il le
ferait s'il était chez lui, il interprète nonchalamment *3 am* du groupe Matchbox 20...
Et ça marche ; le jury est surpris par tant de prouesses. Si les autres candidats
donnent l'impression de « jouer leur vie », Justin est zen, relax, détendu, sûr de lui.
Il envoûte. Pour son premier « casting », il décroche la deuxième place sans effort,
une réelle réussite.

Justin dans le tube

« J'ai commencé à jouer des instruments très jeune, et j'avais envie d'être au centre
de l'attention des gens. J'ai réalisé que je pouvais chanter mais je n'avais pas
spécialement de plan de carrière. Vers 12 ans, j'ai participé à un concours. J'ai mis
des vidéos du concours sur Youtube pour mes amis et ma famille. Puis d'autres
personnes ont commencé à les regarder. Je suis arrivé à 30 millions de vues, en très
peu de temps. »

Fort de son succès régional, Justin se plaît à faire
profiter de son timbre vocal à qui veut l'entendre
et va de place en place pour chanter et
partager avec d'autres de
grands

standards
de la chanson américaine.
Dans les rues de sa ville tout le
monde le reconnaît ; son succès à *Stratford
Idol* lui ayant permis de sortir de l'anonymat.
Aujourd'hui il a compris que la plus belle des récompenses
dans la vie est de pouvoir vivre de sa passion. Une passion
grandissante pour la musique qu'il veut exploiter à fond. Lorsqu'il descend dans la
rue, se crée rapidement un attroupement autour de lui, et s'il ne déchaîne pas encore
les foules comme aujourd'hui, il sait s'attirer la sympathie d'un public. Dès qu'il a le
temps, il va pousser quelques notes dans les rues et gagne ainsi un peu d'argent.
Plutôt généreux avec les artistes des rues, le public canadien récompense allègrement
notre jeune chanteur qui revient à la maison avec parfois plus de 150 euros en poche
après une seule journée. Pendant ce temps, Pattie, toujours fière des exploits de son
fils, a réussi à récupérer l'enregistrement de sa prestation à *Stratford Idol.* Afin d'en
faire profiter ses amis proches et sa famille, elle poste la vidéo sur *Youtube.* Ceux qui
n'avaient pu voir la prestation du futur prodige sont ébahis. Fiers de leur progéniture,
Pattie et Jeremy décident d'envoyer la vidéo à des amis qui, incrédules eux aussi,
décident de la faire parvenir à d'autres amis et ainsi de suite… Bientôt, des centaines
d'inconnus postent des messages de félicitation. Justin qui a vent de cette ferveur
médiatique convainc sa mère de l'aider à réaliser de nouvelles vidéos de ses
prestations. Excellent moyen de communication à travers les peuples du monde entier,
Internet ou plus exactement *Youtube* lui offre la possibilité de faire connaître son
talent à des millions de gens. Et ça marche, les nouvelles vidéos « artisanales » créées
par Justin et sa mère créent un buzz. De plus en plus de gens visionnent ses
prestations, et une poignée de fans se crée. Un trafic grandissant voit le jour autour
des vidéos de Justin, ce qui n'échappe pas à l'agence *Rapid Discovery Media.* Cette
société repère rapidement les buzzs qui se créent autour de vidéos de particuliers
partagées sur la toile. *Rapid Discovery Media* se rapproche du jeune
garçon pour lui proposer ses services. Banco, il accepte. L'idée
de commencer une carrière via Internet le branche bien.
En moins de temps qu'il n'en faut pour le dire, de
nouvelles vidéos, cette fois-ci professionnelles,
sont postées sur la toile. Reprenant de
grands standards, Justin

explose le nombre de connexions et son nom dépasse allègrement l'intérêt des médias locaux. Outres les offres de producteurs bidons que sa mère repousse avec véhémence, Justin se voit offrir des interviews pour certaines émissions nationales. Mais Pattie n'est pas pour et pense que son fils est encore un peu jeune. Cependant, sa notoriété grandit et un soir le téléphone sonne. À l'autre bout du fil, le chanteur Chris Brown, ex petit ami de Rihanna. Justin a posté une vidéo où il interprète une reprise très réussie de *With You*. Épaté, Chris Brown le félicite et lui conseille de ne pas relâcher ses efforts. Le petit est remarqué par les grands...

« Scooter »

« *Un manager, Scooter Braun, m'a repéré. Il a essayé d'entrer en contact avec ma famille, jusqu'au jour où il est tombé sur ma tante qui lui a promis de faire passer le message à ma mère. Quelques jours plus tard ma mère l'a rappelé. À la base, elle comptait l'envoyer balader mais, au final, ils ont passé deux heures au téléphone et elle a accepté que je parte avec lui à Atlanta pour qu'il me présente des gens du métier.* »

Depuis que ces vidéos font le buzz sur la toile, Justin est constamment sollicité par des producteurs plus ou moins fiables qui lui promettent monts et merveilles. Mais sa mère veille au grain et tous se font rejeter. Tous sauf un... Début 2008, Scott Braun dit « Scooter », un chanteur hip-hop reconnu, veut faire partager son savoir à de jeunes prodiges en devenir. Il décide de prendre sous son aile des artistes prometteurs comme Justin. Scooter a longuement entendu parler du nouveau phénomène Bieber et a pris de plus amples renseignements sur lui. Il décroche son téléphone et appelle Pattie.

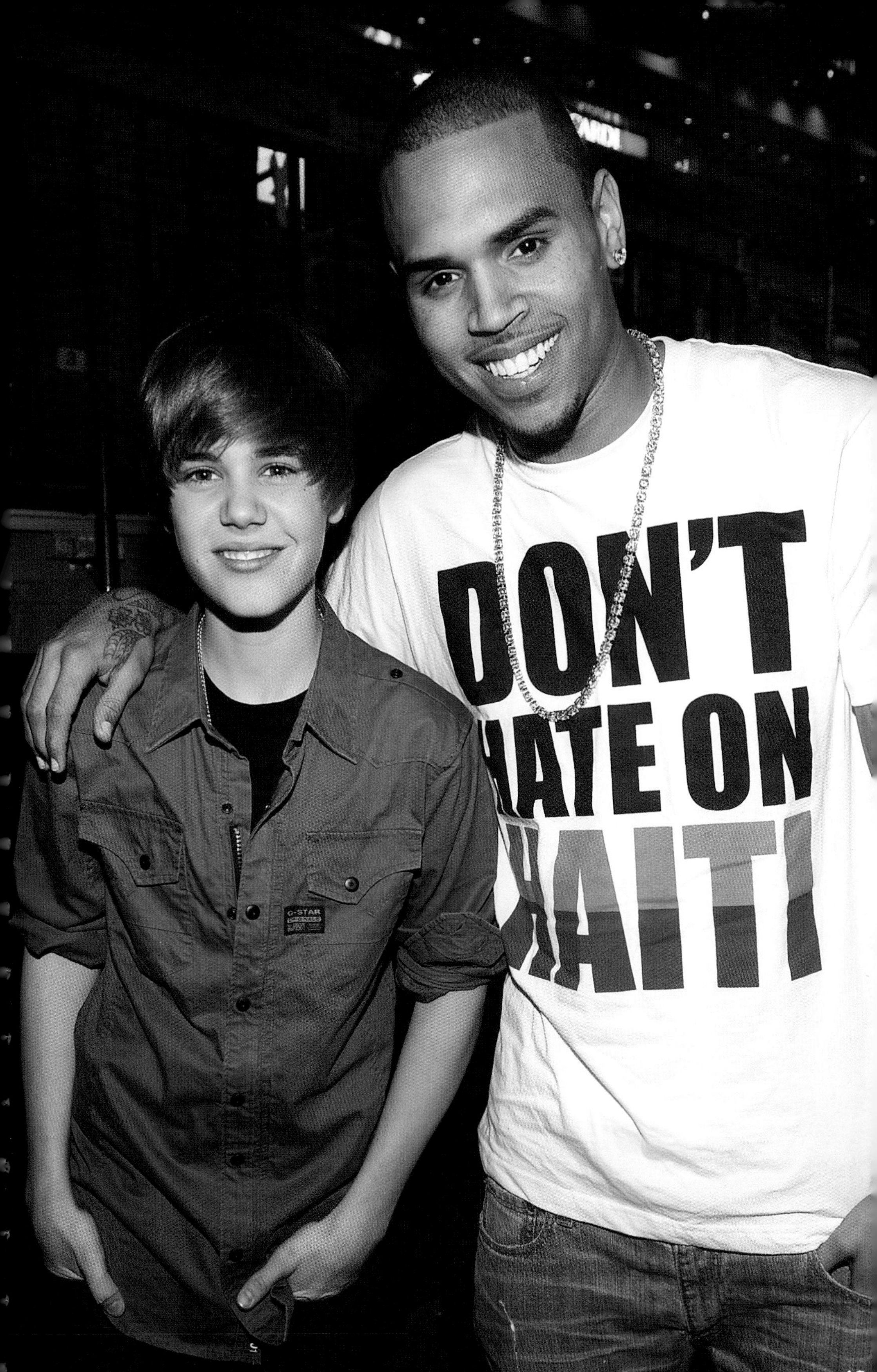
DON'T
HATE ON
HAITI
G-STAR

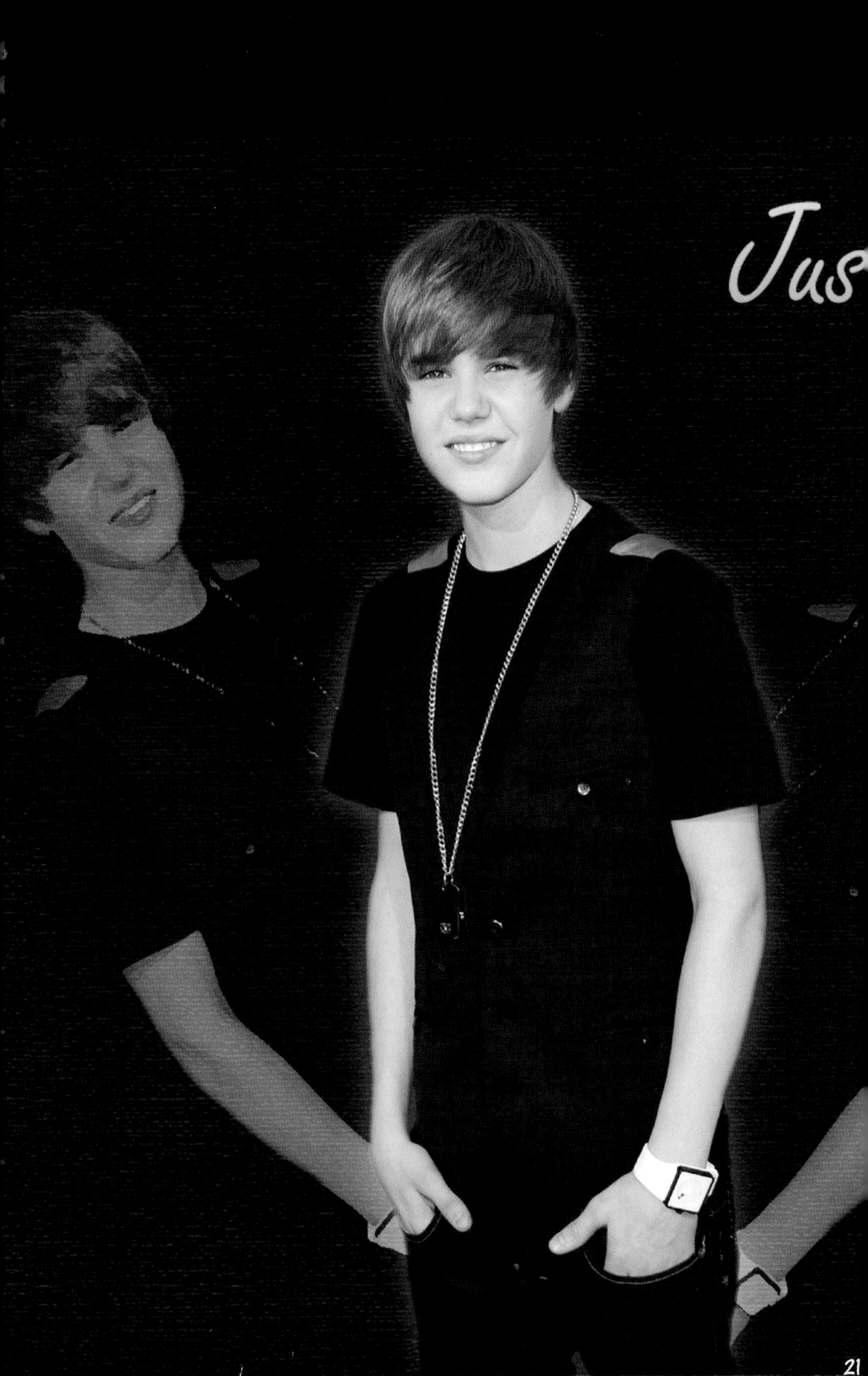
Jus

S'attendant à recevoir le même et faux discours que celui que lui répètent des centaines de producteurs véreux, elle s'apprête à raccrocher. Mais Scooter sait trouver les mots et Pattie le trouve sincère et bienveillant. Alors que Justin vient tout juste de souffler ses 13 bougies, il ouvre son courrier et trouve deux billets d'avion pour Atlanta où il doit rencontrer ce fameux Scooter. Ni une ni deux, il monte dans l'avion, destination Atlanta, avec sa mère. La rencontre avec le chanteur est franche. Ce dernier explique aux Bieber ce qu'il pense faire pour la carrière du jeune garçon. Selon lui, il est temps d'arrêter les clips vidéos de plus en plus sophistiqués et de recoller avec une image plus légère et surtout plus proche du public. Cette idée leur plaît. Mieux, Pattie a le sentiment que Scooter veut installer Justin sur la durée et non pas en faire un simple produit commercial. Le deal est bouclé, Scooter est le nouveau manager de Justin.

Usher

« Je me suis rendu à un studio d'enregistrement à Atlanta le même jour qu'Usher. J'étais comme un fou car je l'adore. Quand je suis rentré au Canada, j'ai raconté ça à mes potes et ils ne me croyaient pas. Une semaine plus tard, Scooter m'annonçait qu'Usher avait vu mes vidéos et qu'il trouvait que j'avais beaucoup de talent. Je n'en revenais Pas ! Quant il m'a proposé de me signer, je n'ai pas hésité une seule seconde ! ».

Une nouvelle aventure commence donc et hors des frontières de Stratford. En effet, Justin et sa maman emménagent à Atlanta car c'est ici que le manager du garçon a ses contacts. Dès la signature du contrat, Scooter se met au travail et pense à la nouvelle image qu'il veut donner à son protégé. Il lui fait enregistrer des prestations sur les tubes d'Usher.

Des clips vidéos de professionnel. Justin est désormais encadré, il prend des cours de chant, de danse... En vrai pro, il crève l'écran. Scooter tient dans ses mains une superbe carte de visite et pense décrocher un contrat avec une maison de disques très rapidement. Mais voilà, Justin est jeune, très jeune, trop jeune pour la plupart des labels qui, en pleine crise du disque, ne sont pas prêts à investir sur un si jeune artiste qui n'a pas le soutien de grosses productions comme Disney ou Nickelodeon... Mais Scooter ne baisse pas les bras. Il va de réunion en réunion, de rendez-vous en rendez-vous et active tous ses contacts. Toujours présent lors des entretiens, Justin donne le meilleur de lui-même. Au détour d'un rendez-vous, alors que son manager plaide sa cause, Justin aperçoit une voiture se garer sur le parking de la société. La portière s'ouvre et en sort le chanteur-producteur Usher. Transporté de joie, Justin bondit de sa chaise, court accueillir son idole et lui propose de chanter l'une des reprises qu'il a faites de lui. Usher, pressé, refuse poliment et écarte le jeune garçon de sa route. Déçu, mais pas désespéré, Justin apprend qu'un autre artiste de renommée internationale s'intéresse grandement à sa carrière : Justin Timberlake qui souhaite prendre le nouveau prodige sous son aile. Mais cela est sans compter sur une autre carte abattue par Scooter qui a eu un excellent rendez-vous avec le producteur des tournées d'Usher lequel a remis une démo du jeune garçon à l'artiste. Epaté par le brio du jeune garçon, Usher s'est immédiatement souvenu de lui. Honteux de l'avoir rejeté, de prime abord, il demande à le revoir. Inutile de préciser que le courant passe très vite. Usher a de grands projets d'avenir pour Justin qui sait qu'à ses côtés il deviendra un immense professionnel. Après quelques tractations financières, Justin signe un contrat de production avec Usher. Le tout sera diffusé par la maison de disques Def Jam Records

@ work

Si avec son manager le jeune homme a beaucoup appris sur la façon d'être un chanteur hors du commun, il lui reste une chose primordiale à travailler : ses propres chansons. Eh oui, jusque-là Justin n'a enregistré que des vidéos sur lesquelles il interprétait les chansons des autres. Il lui faut désormais créer son propre univers musical. Et c'est ce qu'il va faire. Pendant plusieurs semaines, des équipes d'auteurs, de producteurs, d'arrangeurs travaillent main dans la main avec le petit prodige. Usher, connu et reconnu par ses pairs, a de nombreuses relations, toutes plus prestigieuses les unes que les autres. Il contacte des gens comme Tricky Stewart et The Dream, des équipes qui ont, entre autres, signé le tube « Single Ladies » de Beyoncé et le planétaire « Umbrella » de la sulfureuse Rihanna. Tous ensemble, ils vont créer l'univers Justin Bieber. Le jeune homme passe son temps dans les studios du *Triangle Sound* à Atlanta où il s'essaye à différents titres, travaille sa voix, revoit les paroles… Le ton est défini, les titres du premier album tourneront autour de l'amour, des filles et évoqueront quelques histoires que Justin a vécues. Justin en parle : « *J'évoque principalement les filles et les relations entre ados dans mes morceaux. Je m'inspire de tout ce qui m'entoure. J'ai bossé avec des gens super sur ce projet d'album et je suis très fier du résultat.* » Le premier titre à être enregistré est *One Time*. Travailler avec un grand nom de la musique internationale comme Usher est une véritable aubaine pour un artiste si jeune. Le courant passe très bien entre eux, et Usher a même avoué être intimidé quand il soumettait son travail à Justin. Justin raconte sa relation avec Usher : « *On se voit tout le temps. Il était là tout au long de la création de l'album. Je le considère comme un grand frère. Il me donne plein de conseils, mais on ne parle pas uniquement de musique ensemble. On aborde plein de sujets du quotidien qui nous tiennent à cœur.* » En studio, plus le temps passe plus Justin trouve ses marques et se sent à l'aise. En musicien accompli, il s'essaye, avec la permission des producteurs, aux différents instruments. Certains solos du disque étant même signés de lui. Le titre le plus travaillé par l'équipe est *One Less Lonely Girl* pour lequel Usher

s'est
beaucoup impliqué.

En studio, l'album commence à prendre tournure et huit titres sont quasiment prêts. Parmi les titres prévus doivent figurer les fameux « Down To Earth », une chanson qui parle du divorce de ses parents, et « Bigger », un texte plein d'espoir qui dit qu'il faut croire en ses rêves. Parmi toutes les chansons, l'une des préférées de Justin est indéniablement « Baby » qu'il interprète en duo avec le rappeur Ludacris. Au total huit titres sont compilés et donnent naissance à l'album : *My Worlds*. Fiers de leur travail, Usher et Justin vont proposer les premières maquettes à leur maison de disques. Sans surprise, les patrons de Def Jam Records sont emballés. La production à grande échelle est imminente. Mais dans un monde où la communication et le marketing sont maîtres et où le talent ne suffit plus pour faire parler de soi, Justin doit travailler dans un nouveau domaine : la communication.

Apprendre à parler

Depuis octobre 2008, date à laquelle il est entré en studio pour mettre en forme son premier album, Justin n'a cessé de travailler. Aujourd'hui, il est prêt à défendre sa création, son « bébé ». Ce gamin a déjà tout pour plaire : belle gueule, bien habillé, charismatique... Il a la panoplie complète pour conquérir le cœur des médias. Mais sa maison de disques ne veut rien laisser au hasard et lui impose de bien réviser ses interviews avec le service de communication. Dès lors, Justin apprend quelques rudiments qui lui permettront à coup sûr de faire d'excellentes interviews et de se sortir des questions parfois embarrassantes. Les questions, qu'elles soient écrites ou orales, destinées aux magazines, à la radio ou à la télé, sont un vecteur indispensable pour véhiculer une image. Justin n'a pas le droit à l'erreur. C'est un jeune homme plein d'énergie, sympathique qui aime ses fans. Tout cela doit transparaître dans ses interviews. Mais ceci n'est qu'une formalité. Autodidacte, Justin

excelle
dans de nombreux domaines.
Tout est désormais fin prêt ...

Place au nouveau phénomène

Avril 2009, date aussi importante que stressante dans la nouvelle vie de Justin. C'est en effet ce mois-ci que son premier single, extrait de l'album « My Worlds », est proposé sur le net. Les radios reçoivent le titre à peine un mois après et commencent à le diffuser. Si les critiques sont bonnes, les rotations ne sont pas suffisantes et les ventes ne décollent pas comme prévu. Il faut dire que depuis plusieurs mois Justin travaille intensément sur son album et il n'a pas posté de nouvelles vidéos sur la toile. Pour résumer, l'engouement des mois précédents autour de ses prestations s'est quelque peu envolé. Les connexions ont été divisées par trois. La maison de disques comprend bien que Justin est surtout apprécié pour son visage d'ange, sa façon de danser et pour l'image qu'il véhicule. Alors, sans plus attendre, elle décide de lui faire enregistrer le clip du premier single. Mais attention, nous sommes bien loin des vidéos tournées par sa maman dans l'appartement de Startford. Non, aujourd'hui, Justin va avoir affaire à de véritables créateurs de clips, des réalisateurs de talent, des cameramen professionnels... Devant les caméras, Justin a toujours été comme un poisson dans l'eau. Depuis son plus jeune âge, la pellicule ne lui a jamais fait peur. Le script du vidéo-clip est le suivant : dans la maison d'Usher, Justin et son copain Ryan s'amusent à des jeux vidéos. Usher, qui doit s'éclipser le temps de faire une course, laisse les clés de sa maison à Justin qui en profite pour organiser une gigantesque fête avec des amis. Lors de cette soirée, le jeune garçon repère une jolie jeune fille, commence à discuter avec elle et pense pouvoir la séduire. Mais voilà, elle lui fait une bise et disparaît. À ce moment, Usher rentre à la maison et prend Justin sur le fait ! Le clip est extrêmement bien rythmé et fonctionne à merveille. Une fois retravaillé, il est directement diffusé sur le site de partage de vidéo Youtube... Et en moins de temps

qu'il n'en faut pour le dire, les connexions grimpent en flèche ; le phénomène Bieber est de retour. En janvier 2010, on compte plus de 100 millions de connexions… La folie Bieber est en marche ! Aujourd'hui, les médias dits « classiques » s'intéressent de plus en plus à ce qui se passe sur la toile car c'est là que se créent les nouveaux phénomènes. L'album de Justin reprend des places dans les charts et la promo radio est relancée. Car Justin ne donne plus uniquement d'interviews à la presse jeune. Aujourd'hui, ce sont des institutions comme le *Wall Street Journal* qui se plient à la Bieber Mania. Mieux que cela, il est invité sur les plateaux des émissions télévisées les plus regardées au monde et on lui permet de chanter plusieurs titres à la suite. Sa notoriété dépasse les frontières du Canada et il ne peut plus se déplacer sans avoir une horde de fans en furie à ses trousses. À chacune de ses prestations, le service d'ordre est sur les nerfs tant les débordements sont impressionnants. On n'avait rien vu de tel depuis les Beatles. Même Tokio Hotel, à côté, c'est de la rigolade. Parfois apeuré, Justin relativise quand même : « *Il m'arrive de flipper quand je vais quelque part et que je ne peux plus bouger car je suis entouré de filles qui crient. Mais, en même temps, je commence à m'y habituer, et mes fans sont géniales. Elles m'écrivent des tonnes de lettres et elles sont très présentes. Je les tiens au courant de mes projets via Internet. J'essaie toujours de prendre le temps de leur signer des autographes et de poser pour qu'elles puissent me prendre en photo. Après tout, si je suis là c'est avant tout grâce à elles* ».

A new Life

« *Aujourd'hui, je ne vais plus à l'école mais je continue à suivre des cours à la maison avec un tuteur personnel. En dehors de ça, je m'éclate. J'adore être sur les routes, voyager, rencontrer plein de gens différents. J'ai été super bien accueilli partout dans le monde. C'est incroyable !* ».

Des
millions de disques vendus à
travers le monde, des centaines de
millions de connexions sur *Youtube*, des Tweets
les plus lus du site, des hordes de fans...

Non, la vie de Justin ne sera plus jamais la même qu'avant !
Après l'énorme succès de « My Worlds » sorti le 17 novembre 2009 aux USA et sur
sa terre natale, le Canada, Justin récidive l'exploit en France et dans de nombreux
pays européens en mars 2010. En France, lors de sa tournée promotionnelle, il
déclenche une fois encore des mouvements de foule incommensurables. Aujourd'hui
Justin ne peut plus vivre comme n'importe quel autre adolescent de son âge. Imaginez
ce qui se passerait s'il reprenait le chemin de l'école... Émeutes assurées tous les
jours. De plus, il est sans cesse en mouvement. Il sillonne le globe pour donner des
interviews, faire des shows, assurer ses concerts... Mais malgré tout, Justin veut
poursuivre sa scolarité jusqu'au bout. C'est donc un professeur particulier qui fait
partie intégrante de son staff qui lui donne des leçons, et ce dans toutes les matières.
Au total, Justin a quinze heures de cours par semaine plus une série de devoirs à
effectuer. Et il tient absolument à faire de gros progrès en français ! Même si le succès
qu'il connaît a de quoi lui faire tourner la tête, Justin garde tout de même les pieds
sur terre. Il raconte : « *Je suis un perfectionniste. Même quand j'ai la pression, j'essaie
toujours de faire de mon mieux. Usher m'a conseillé de garder la tête sur les épaules.
Il a déjà connu ça avant, donc il me coache un peu. Quant à mes amis et mes proches,
ils me soutiennent depuis le premier jour. Ma célébrité n'a rien changé pour eux, si ce
n'est qu'ils sont super contents pour moi !* » La vie de Justin ne sera plus jamais la
même que lorsqu'il vivait paisiblement à Stratford, mais c'est le prix à payer pour être
une star internationale !

On stage

Afin d'être au plus proche de ses fans et dans
le but de partager des moments
exceptionnels, Justin et son
staff ont

mis sur pied une série de concerts à couper le souffle. Vendeur de rêves, il est évident que sur scène le jeune garçon est mis bien plus en avant que ses chansons car les fans viennent avant tout pour le voir replacer sa mèche d'un coup de nuque... Quoi que. Dans un spectacle qui dure près de deux heures, tout est fait pour que les fans repartent avec des images plein la tête. L'une des prérogatives de son manager Scooter a toujours été de faire de Justin un jeune homme charmant qui ne se prend pas la tête et est très proche de son public. Ce précepte, Justin l'a toujours gardé en tête. Son spectacle est là avant toute chose pour faire rêver. Entre les chansons, différents tableaux viennent s'ajouter à la prestation. Par exemple, une fan est sélectionnée pour monter sur scène à ses côtés (effet garanti !). Mieux encore, Justin se balance dans une nacelle en forme de cœur au-dessus des spectatrices. (évanouissements garantis !). Bref, tout est mis en place pour faire craquer le public. Mais contrairement à certains artistes qui ne veulent faire de leurs spectacles qu'un moment de futilité, il n'en est pas de même pour notre jeune star qui est bien plus qu'une tête d'ange sans rien dedans. Artiste avant tout, il a décidé de compéter son tour de chant par des passages acoustiques simples et sobres. On découvre alors un Justin Bieber sans apparat, sincère, qui cherche à prouver qu'il n'est pas une simple marionnette dansante. Dans ces moments privilégiés, il met en avant ses talents de musicien qui montrent qu'il est un artiste à part entière. D'ailleurs, les critiques parfois si assassines envers les jeunes artistes ne peuvent que s'accorder à dire que ce petit homme deviendra grand !

Affaire à suivre ...

Vous l'avez compris, Justin n'est pas un jeune homme ordinaire. Surdoué de la musique, autodidacte, gueule d'ange... Il a toutes les qualités. En quelques mois il a su envoûter des milliers de fans à travers le globe. Véritable

phénomène,
il garde pourtant les pieds
sur terre sachant que tout succès
est éphémère et qu'il doit toujours donner le

meilleur de lui-même pour satisfaire ses fans. Si aujourd'hui pour lancer un artiste le talent importe peu et que souvent seuls une bonne communication et un service marketing approprié permettent d'y arriver, durer est une toute autre chose. Et peu importe le battage médiatique car au bout du compte c'est le talent qui fera la différence... Et de talent, Justin est loin d'en être dépourvu.

Never Say Never.

Depuis maintenant plusieurs mois, Justin Bieber travaille d'arrache pied avant la sortie de son «biopic», (en 3D, s'il vous plaît !), *Never Say Never.*

Vous devrez patienter jusqu'au 20 avril 2011 pour avoir le plaisir de découvrir sa vie, son monde, son oeuvre, le tout sur grand écran. Dans ce film, vous découvrirez, des séquences inédites de son enfance, des scènes de l'envers du décor... Mais si vous avez la chance de vous trouvez au pays de l'oncle Sam ou au Canada, vous pourrez découvrir des images dès le 11 Février.

En attendant, la sortie du film, vous pourrez toujours aller l'applaudir à Bercy le 29 mars 2011 pour un concert exceptionnel.

Les Potins d'abord.

Il trouve Taylor Swift jolie et Beyoncé également encore plus
Même s'il est célibataire, il se sent prêt à avoir une relation sérieuse
Ses vêtements sont de chez Hollister , Ralph Lauren , Abercrombie et American Apparel
Il a une demi-soeur qui est née en 2008.
Et un demi-frère Jason
Il sait faire un Rubik's Cube en moins de 2 minutes
Il aime les films 8Mile, Jackass 2, Step Up, August Rush, l'Exorcist, Slapshot 2.

Il a peur des araignées
Il a une tache de naissance sur son épaule !
Il aime les filles brunes à la peau mate.
Justin déteste les bottes Uggs.
Grand timide, il a du mal a s'exprimer devant une fille qui lui plaît.

En Allemagne, pour pratiquer son allemand, Justin a dit a une fan «ich liebe dich».
Elle est tombée dans les pommes.
Justin a des posters de lui-même dans sa chambre
Justin ne trouve pas ça gênant de regarder une fille dans les yeux, d'ailleurs il adore ça !
Justin trouve très embarrassant de voir une photo de ses fesses sur facebook
Sa mère l'oblige à se raser les aisselles

Se coiffer comme Justin :

Bientôt plus célèbre que lui, sa mèche fait de nombreux émules. Mais comment fait-il pour se coiffer ainsi ? Tous ses secrets sont ici révélés....

Tout d'abord il vous faut une certaine longueur de cheveux. C'est à dire en dessous des oreilles. Ensuite prenez un rendez-vous avec un coiffeur moderne et pas un vieux gars au coin de la rue. Demandez à votre coiffeur de couper en dessous des oreilles en effilant bien les mèches.

Vous avez la base.

Une fois chez vous, mouillez vos cheveux. Séchez les avec une serviette de façon dynamique pour donner un certain volume. Branchez votre sèche-cheveux et séchez vos cheveux depuis votre nuque. Placez le sèche-cheveux derrière votre tête de façon à faire un effet de tornade.

Structurez votre coiffure avec un peu de cire et un peu de laque. Surtout pas de gel !

Et voila ! Secret dévoilé !

QUIZZ

Q1. Quand Justin Bieber est-il né ?

A - 1er mars 1992
B- 1er mars 1993
C- 1er mars 1994

Q2- quel est le prénom de son meilleur ami ??

A- ryan
B- brian
C- adrian
D- alan

Q3. Quel est le nom de sa maison de disques ?

A - Geffen Records

B- Island Records

C - JB records

Q4. Quel est son style de musique ?

A - Pop
B- R&B
C- Classique

Q5. Dans son album, il chante une chanson en duo avec Usher, laquelle ?

A - Love Me

B- One Time

C- Aucune des ces réponses

Q6. Quel est l'intrus ?

A- One Less Lonely Girl

B - Favorite Girl

C - Girl

Q7. Quel chanteur est une influence pour Justin Bieber?

A - Stevie Wonder

B - M.Pokora

C - John Lennon

Q8. De quels instruments Justin Bieber joue-t-il?

A - Batterie & Guitare

B - Guitare & Piano

C - Batterie & harmonica

Q9. Au concours Startford Idol, quelle place a t-il obtenu ?

A - 1er
B - 4ième
C - 2ième

Q10- Dans quelle ville a-t-il grandi ??

A - ontario
B - toronto
C - oxford
D - stratford

Q 11- Quel a été le premier single de Justin ??

A- baby
B- one less lonely girl
C- favorite girl
D- one time

Réponses : 1B / 2A / 3B / 4A / 5C / 6C / 7A / 8A / 9C / 10D / 11D / 12A

Q12. Quelle est sa profession?

A - Chanteur
B - Danseur
C - Chanteur & musicien

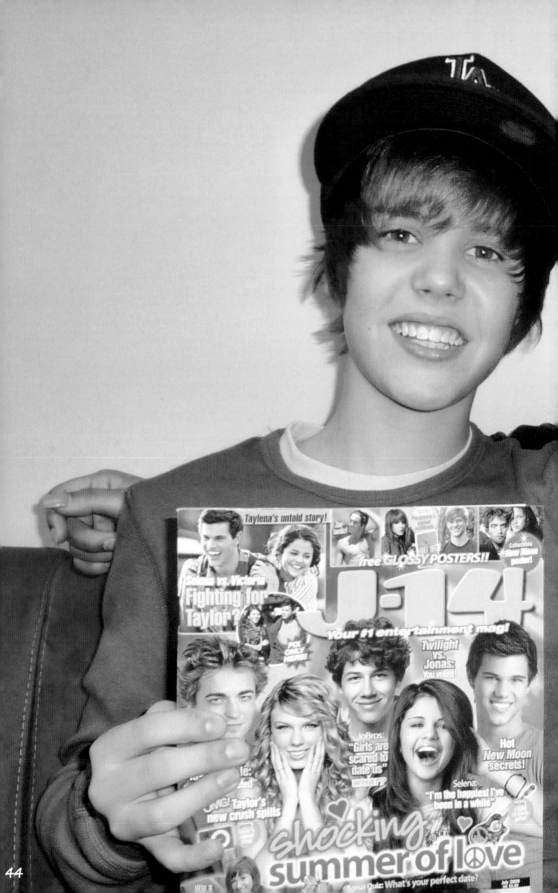

44

45